BEI GRIN MACHT SICH IHR WISSEN BEZAHLT

- Wir veröffentlichen Ihre Hausarbeit, Bachelor- und Masterarbeit

- Ihr eigenes eBook und Buch - weltweit in allen wichtigen Shops

- Verdienen Sie an jedem Verkauf

Jetzt bei www.GRIN.com hochladen und kostenlos publizieren

Simone Wehmeyer

Mehr Zeit für Spiel und Bewegung - Die tägliche Bewegungszeit

GRIN Verlag

Bibliografische Information der Deutschen Nationalbibliothek:

Die Deutsche Bibliothek verzeichnet diese Publikation in der Deutschen National-
bibliografie; detaillierte bibliografische Daten sind im Internet über http://dnb.d-
nb.de/ abrufbar.

Dieses Werk sowie alle darin enthaltenen einzelnen Beiträge und Abbildungen
sind urheberrechtlich geschützt. Jede Verwertung, die nicht ausdrücklich vom
Urheberrechtsschutz zugelassen ist, bedarf der vorherigen Zustimmung des Verla-
ges. Das gilt insbesondere für Vervielfältigungen, Bearbeitungen, Übersetzungen,
Mikroverfilmungen, Auswertungen durch Datenbanken und für die Einspeicherung
und Verarbeitung in elektronische Systeme. Alle Rechte, auch die des auszugsweisen
Nachdrucks, der fotomechanischen Wiedergabe (einschließlich Mikrokopie) sowie
der Auswertung durch Datenbanken oder ähnliche Einrichtungen, vorbehalten.

Impressum:

Copyright © 2006 GRIN Verlag GmbH
Druck und Bindung: Books on Demand GmbH, Norderstedt Germany
ISBN: 978-3-638-92445-0

Dieses Buch bei GRIN:

http://www.grin.com/de/e-book/58973/mehr-zeit-fuer-spiel-und-bewegung-die-
taegliche-bewegungszeit

GRIN - Your knowledge has value

Der GRIN Verlag publiziert seit 1998 wissenschaftliche Arbeiten von Studenten, Hochschullehrern und anderen Akademikern als eBook und gedrucktes Buch. Die Verlagswebsite www.grin.com ist die ideale Plattform zur Veröffentlichung von Hausarbeiten, Abschlussarbeiten, wissenschaftlichen Aufsätzen, Dissertationen und Fachbüchern.

Besuchen Sie uns im Internet:

http://www.grin.com/

http://www.facebook.com/grincom

http://www.twitter.com/grin_com

Johann Wolfgang Goethe Universität Frankfurt am Main
Fachbereich 04
Institut für Pädagogik der Elementar-
und Primarstufe

SS 2006

Seminar: Grundschule auf dem Weg zur Ganztagsschule

Mehr Zeit für Spiel- und Bewegung –

Die tägliche Bewegungszeit

Inhaltverzeichnis

Einleitung   1

1.   Grundlegende Gedanken zum Konzept einer
      täglichen Bewegungszeit   2
1.1. Definition von Bewegung   2
1.2. Grundlagen und Grundformen der menschlichen
      Bewegung   2
1.3. Der gesundheitliche Aspekt   4

2.   Die tägliche Bewegungszeit   5
2.1. Geschichte der Bewegungszeit   5
2.2. Ablauf einer täglichen Bewegungszeit im
      Schulalltag   6
2.3. Ziele der täglichen Bewegungszeit   7
2.4. Probleme der täglichen Bewegungszeit   9

Resümee   11

Abbildungsverzeichnis   12

Literaturverzeichnis   13

Anhang   14

Einleitung

Hauptgedanken eines neuen Schulprofils sind, dem natürlichen Drang der Kinder nach Bewegung und handlungsorientierter Wahrnehmung ihrer Umwelt wieder zu entsprechen. Durch die Bewegung sollen Kinder mit allen Sinnen wahrnehmen, sich selbst erkennen, soziale Kompetenzen entwickeln und ihre Persönlichkeit entfalten. Auch bei bestehenden Lerndefiziten kann man dadurch Erfolge und eine Steigerung des Selbstwertgefühls erwarten. Natürlich erfordert dies eine Umgestaltung des Schulalltags in allen Bereichen schulischer Aktivitäten.

Sich viel bewegen, das war noch vor 30 Jahren für Kinder eine Selbstverständlichkeit, doch in den letzten Jahren haben sich die gesellschaftlichen Rahmenbedingungen geändert. Inzwischen ist es auch für Kinder normal geworden, mehrere Stunden am Tag sitzend zu verbringen. Dadurch leiden viele Kinder unter Bewegungsmangel und an die Schule wird die Aufgabe gestellt, dem entgegenzuwirken.

Bewegung leistet einen spezifischen und unverzichtbaren Beitrag zur individuellen Entwicklung der Kinder und Jugendlichen. Es ist ein Betätigungsfeld, das Kinder und Jugendliche intensiv anspricht und sie einander annähert. Die positive Bewegung strahlt auf alle Lebensbereiche und die körperliche und geistige Entwicklung von Kindern und Jugendlichen wird vorangetrieben.

Gerade in der Ganztagsschule besteht die Chance, vielen Kindern Angebote zur Entwicklungs- und Koordinationsförderung durch Bewegung, Spiel und Sport zu machen. Dadurch wird der natürliche Bewegungsdrang unterstützt.

Mit der Einführung der Ganztagsschulen stellt sich hier die Frage: Wie kann man mehr Zeit für Bewegung einplanen?

1. Grundlegende Gedanken zum Konzept einer täglichen Bewegungszeit

1.1. Definition von Bewegung

Bewegung ist ein wesentliches Merkmal des menschlichen Lebens. Klaus/ Buhr teilt die menschliche Bewegung in fünf Grundformen ein (zitiert nach Röthig 1983, S.60):

„1. die mechanische Bewegung (Ortsveränderung)
2. die physikalische Bewegung (Bewegung der Moleküle)
3. die chemische Bewegung (Bewegung der Atome)
4. die biologische Bewegung (Äußerungsformen des Lebens)
5. die soziale Bewegung (individuelle und gesellschaftliche Entwicklung)"

Bewegung ist ein natürlicher Trieb, dem jedes Kind normalerweise von Anfang an nachgeht. Bewegung hilft den Kindern ihre Grob- und Feinmotorik zu entwickeln. Dies geschieht wiederum durch unterschiedlichen Bewegungserfahrungen, die die Kinder in unterschiedlichen Lebenssituationen machen. Sie entwickeln Gleichgewichtssinn, Kraft, Schnelligkeit, Koordination, Körperspannung und Ausdauer (vgl. Kolb 1995, S.61).
Bewegung schult jedoch auch die Wahrnehmung, wie auch soziale Fähigkeiten. Kinder erhalten durch Bewegung Mut zur Kontaktaufnahme mit ihrer Umwelt und ihr Selbstwertgefühl wird gesteigert. Sie bauen eine Beziehung zu ihrem Körper auf, um sich in ihm wohl zu fühlen.

1.2. Grundlagen und Grundformen menschlicher Bewegung

Die Grundformen der Bewegung – wie Laufen oder Werfen eines Balls – trainiert das Kind vom 2.-6. Lebensjahr, um sie dann zu verfeinern (vgl. Größing/Größing 2002, S.68).

Wenn Kinder besondere Anregungen erhalten, können sie besondere Fähigkeiten schon sehr früh erwerben. Dabei sollen Kinder den Spaß an der Bewegung aber nicht verlieren.

Durch die Bewegung in der Schule sollen die Schüler lernen, mit dem eigenen Körper, mit Materialien und Kleingeräten umzugehen.

Bewegung ist ein elementares Prinzip jeglichen Lernens und trägt zum Wohlbefinden bei. In einer bewegungsgerecht gestalteten Lernumgebung erleben Kinder im Schultag den Wechsel von konzentriertem Arbeiten und notwenigen Erholungsphasen, nutzen Spiel- und Bewegungsräume in den Pausen und nehmen Angebote der täglichen Bewegungszeit an.

Durch den Bewegungsunterricht werden die koordinativen Fähigkeiten geschult und dem Bewegungsmangel wird entgegengewirkt.

Die Bewegungswelt des Klein- und Vorschulkindes baut auf den Grundformen menschlicher Bewegung auf: laufen, springen, werfen, klettern, hüpfen, kriechen usw. Für Kinder im Grundschulalter werden dagegen auch sportliche Bewegungsarten vorherrschender.

Die Bewegungsgrundformen erfordern jedoch vielfältige Bewegungs- und Spielräume in den schulischen Einrichtungen selbst und darüber hinaus im näheren Umfeld (vgl. Größing/Größing 2002)

So wird auch die Ganztagsschule vor die Aufgabe gestellt, sich um eine ausreichende Bewegungsförderung zu bemühen, und dies erwartet von den Erziehenden, dass sie über vielfältige und neue Kompetenzen verfügen müssen.

Auf die gesellschaftlichen Entwicklungen muss die Ganztagsschule, in der die Kinder einen großen Teil des Tages verbringen, ebenfalls reagieren, u.a. durch Bewegungsangebote.

1.3. Der gesundheitliche Aspekt

Die Spiel- und Bewegungsräume unserer Kinder sind heute eng, bewegungsbehindernd und körperfeindlicher geworden. Es stehen immer weniger Bewegungsräume zur Verfügung. Die heutigen Lebensbedingungen behindern die motorische Entwicklung des Kindes und gefährden es daher in der Entfaltung seiner Person. Daher stehen Raum und Bewegung in einer engen Beziehung zueinander. Wenn kindliche Lebensräume so gestaltet sind, dass sie Bewegung verhindern, geht das angeborene Bewegungsbedürfnis mit der Zeit verloren. Ein bewegungsarmer Schulalltag führt bei Kindern zu Ermüdung, Unaufmerksamkeit, fehlender Motivation, Konzentrationsschwäche und zu einer schwächeren Sinneswahrnehmung.

Bewegungsmangel führt zu Haltungsschäden, Übergewicht, Herz- und Kreislaufproblemen und verstärkt zu Aggressionen (vgl. Illi 1995).

Die Ganztagsschule bedarf einen gesunden Ausgleich zwischen „Bewegungs- und Sitzzeiten". Die schulische Bewegungsförderung muss ein wesentlicher Faktor in der Erziehung und Bildung sein. Dem zunehmenden Bewegungsmangel, wie auch Erkrankungen, die mit Bewegungsmangel in Verbindung stehen, soll somit entgegengewirkt werden, da zunehmend Adipositas und Herz-Kreislauferkrankungen zu verzeichnen sind (vgl. Größing/Größing 2002, S.56ff).

Die lange Verweildauer in der GTS bietet somit den idealen Ort für eine frühzeitige Bewegungs- und Sportförderung.

Vielfältige Bewegungsformen tragen auch zum Abbau von Aggressionen bei und vermindern die Gewaltbereitschaft. Die Bewältigung psychischer Belastungen fällt ebenfalls leichter (vgl. Wasmund-Bodenstedt 1984, S.32). Die, in die GTS integrierte Bewegung, soll die Schüler befähigen, gesunde Lebensgewohnheiten auszubilden. Ein gesundheitsförderndes Bewegungsverhalten soll angeregt werden.

Um den gesundheitlichen Aspekten zu genügen, erfordert es ausreichende Bewegungsangebote , der Unterricht muss durch regelmäßigen Ausgleich zwischen Bewegung und Lernen rhythmisiert werden. Die Freude an der Bewegung soll so gefördert werden, dass Kinder und Jugendliche dies in ihr Alltagsverhalten integrieren. Deshalb ist es in der GTS unumgänglich für ausreichende Bewegungszeiten und -räume zu sorgen.

Die Gesundheit ist ein entscheidender Faktor für die Leistungsbereitschaft und den schulischen Lernerfolg.

2.   Die tägliche Bewegungszeit

2.1.   Geschichte der Bewegungszeit

Seit fast hundert Jahren existiert die Diskussion um eine tägliche Sportstunde.

Schon Kaiserin Maria Theresia hat 1777 ein Gesetz über eine tägliche Spielstunde und das Anlegen von Spielplätzen erlassen (vgl. Knauf/Politzky 2000, S.35f).

Pestalozzi ließ Ende des 18 Jahrhunderts von Schülern und Lehrern täglich Gymnastik durchführen. 1847 entwarf Spiess   dann ein Konzept für eine tägliche Turnstunde.

1910 wurde ein preußischer Ministerialerlass beschlossen, in dem Schulen zur Auflage gemacht wurde, täglich mit den Schülern 5-10 Minuten Freiübungen außerhalb der Pause durchzuführen. Ein Jahr später wurde jedoch dieser Beschluss wieder rückgängig gemacht und die eingeführten 10 Minuten Freiübungen in die Pause verlegt, damit der *„wissenschaftliche Unterricht"* (Wasmund-Bodenstedt 1984, S.19) nicht zu kurz kommt. Bewegung wurde damals als Verlust der Lernzeit erachtet.

Die erdachten Übungen bestanden damals aus:

„1.) 10 Kniebeugen, 2.) 10mal Armheben vorwärts – rückwärts, 3.)
10mal Rumpfkreisen, 4.) 10mal Armkreisen rechts, 5.) 10mal
Armkreisen links usw." (Wasmund-Bodenstedt 1984, S.20).

Diese Übungen wirkten jedoch auf Schüler und Lehrer schnell
langweilig.
Bis zu den zwanziger Jahren wurde die Bewegungszeit nun
vollkommen vernachlässigt. 1926 wurde vom „Reichsverband der
Elternbeiräte des Mittleren Deutschland" wiederum die Einführung
einer täglichen Turnstunde eingeführt, die sich durchweg positiv auf
den Gesundheitszustand der Kinder auswirkte. Jedoch konnte dieses
Vorhaben während 2. Weltkrieges nicht weiter durchgeführt werden.
Nach 1956 wurde dann die tägliche Bewegungszeit für das erste
zweite Schuljahr konzipiert. Die tägliche Bewegungszeit galt
allerdings als Notlösung, als Ersatz für die tägliche Turnstunde. 1965
wurde jedoch die Einbeziehung einer Bewegungszeit von 30 Minuten
für das erste Schuljahr beschlossen (vgl. Knauf/Politzky 2000, S.35f).

2.2. Ablauf einer täglichen Bewegungszeit im Schulalltag

Eine tägliche Bewegungszeit ist zeitlich nicht festgelegt. Sie sollte
von den Lehrern situationsbedingt angeboten werden. Ebenfalls
sollte sie zusätzlich zu den Pausen und zum Sportunterricht
stattfinden. Die Dauer einer täglichen Bewegungszeit sollte ungefähr
20-30 Minuten betragen und im Idealfall in der Mitte des
Unterrichtsvormittags stattfinden. Nochmals ist jedoch zu erwähnen,
dass die Dauer und der Zeitpunkt der täglichen Bewegungszeit nicht
starr festgelegt sein sollten, sondern diese flexibel in den
Unterrichtsalltag eingebaut werden sollte.
Der Zeitfaktor spielt bei der täglichen Bewegungszeit eine sehr große
Rolle, da Kinder zum Üben, Ausprobieren und Erfinden Zeit
brauchen (vgl. Stübing/Lutz 1992, S.9). Dieser „Zeitverlust" kann im
Unterricht, nach der täglichen Bewegungszeit, durch konzentrierteres

und motivierteres Lernen wieder ausgeglichen werden. Den Zeitfaktor betreffend liegen zwei unterschiedliche Konzepte vor (Wasmund-Bodenstedt 1984, S.47):

> „ 1. die flexible, situationsabhängige Festlegung der täglichen Bewegungszeit im Zeitplan oder
> 2. die feste Verankerung der tägliche Bewegungszeit im Stundenplan. "

Die Durchführung einer täglichen Bewegungszeit ist in jeder Schule möglich, allerdings sollte sie nach Möglichkeit im Freien stattfinden, damit für die Kinder ein echter Raumwechsel gewährleistet wird, sie sollte daher nur bei Regen im Klassenraum oder in der Turnhalle durchgeführt werden (vgl. Stübing/Lutz 1992, S.10).

2.3. Ziele der täglichen Bewegungszeit

Durch die tägliche Bewegungszeit soll ein engerer Kontakt zwischen Schüler und Lehrer entstehen. Ebenfalls bedeutet die tägliche Bewegungszeit für die Kinder eine immer wiederkehrende Handlung. In dieser Zeit sollen sie weitgehend selbständig handeln (wie z.B. spielen oder sich bewegen), jedoch ist die Bewegungszeit auch an einige festgelegte Bedingungen geknüpft (wie z.B. ein festgelegter Zeitraum, verfügbare Spiel- und Sportgeräte, ein fester Klassenverband).

Das wichtigste Ziel der Bewegungszeit ist das selbständige Handeln (vgl. Wasmund-Bodenstedt 1984, S.28). In diese Entscheidung und Selbständigkeit der Kinder sollte der Lehrer so wenig wie möglich eingreifen, denn die Selbständigkeit der Kinder ist ein wesentlicher Bestandteil der täglichen Bewegungszeit. Sie wird somit als integraler Bestandteil eines ganzheitlichen Bewegungskonzeptes gesehen (vgl. Stübing/Lutz 1992, S.54).

Weitere Ziele für das Kind sind:

- einen Gegenpol zum „Sitzzwang" des Unterrichts schaffen und dadurch Eigenaktivität zu fördern
- Erfahrungen in der eigenen Bewegung zu sammeln und Selbstvertrauen zu gewinnen
- Entfaltung von Bewegungsfreude und -phantasie
- Das Erkennen der Bedeutung des Übens
- Erlernen von Regelabsprachen und das Spielen mit anderen Kindern
- Spaß an Bewegung zu entwickeln
- „leisten zu können, ohne leisten zu müssen" (Stübing/Lutz zitiert nach Klafki 1992, S.54)
- gemeinsames Entwickeln von Bewegungsideen und damit verbundene Sozialkompetenzen zu erwerben
- entwickelte Bewegungs- und Spielideen in der Freizeit zu übernehmen

Bei der Entwicklung der Lernziele in der täglichen Bewegungszeit stehen also immer die kindlichen Bedürfnisse an erster Stelle.

Nach Wasmund-Bodenstedt werden die erreichbaren Ziele der täglichen Bewegungszeit zu vier Punkten zusammengefasst (Wasmund-Bodenstedt 1984, S.30):

„1. *Ausgleichen* bestehender körperlicher und geistiger Belastungen aus vorangegangenen Studien, die sich Auswirken in Bewegungsstau, Konzentrationsabfall, Aggressivität, Langeweile;

2. *Nachholen* von früheren Versäumnissen, die zu motorischen Defiziten geführt haben;

3. *Sammeln* von neuen Erfahrungen für selbständiges Handeln, wodurch Koordinieren, Kooperieren, Angst überwinden, Regeln befolgen u.v.a. gelernt werden;

4. *Spaß haben* an spielerischen und sportlichen Aktivitäten in der Schule, was dazu führt, die Schulfreude zu erhöhen."

Die Systematik der Ziele verdeutlicht Wasmund-Bodenstedt anhand folgender Grafik (Wasmund-Bodenstedt 1984, S.32):

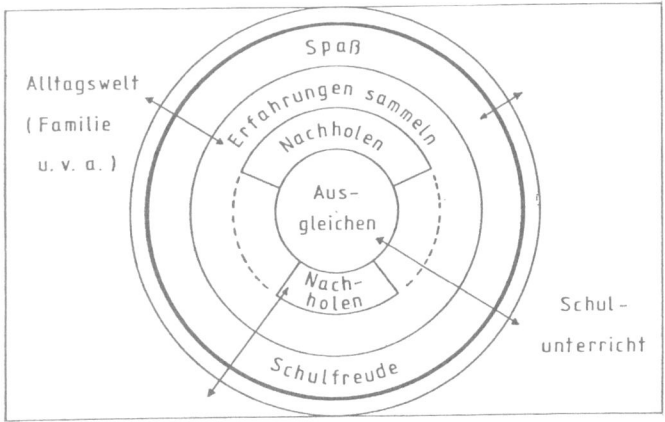

Abb.1

2.4. Probleme der täglichen Bewegungszeit

Zu Beginn stellte die tägliche Bewegungszeit die Lehrer vor eine große Herausforderung.

Um eine engere Lehrer-Schüler-Beziehung herzustellen, sollte die Ausführung der täglichen Bewegungszeit vom Klassenlehrer durchgeführt werden. Es sind jedoch nur wenige Lehrer für diese Tätigkeit ausgebildet. Ebenfalls waren zu Beginn des Konzeptes sowohl didaktisch-methodische Voraussetzungen als auch organisatorische Probleme ein unüberwindbares Hindernis.

Nach Wasmund-Bodenstedt gab es jedoch noch weitere Bedenken, die jedoch nach der Ausführung in der Praxis zerstreut wurden (vgl. Wasmund-Bodenstedt 1984, S. 71ff).

Als erstes wurde der Faktor Lärmbelästigung aufgeführt. Es wurde vermutet, dass die Kinder während der täglichen Bewegungszeit andere Klassen stören könnten. Jedoch verteilen sich durch die

9

geringe Schülerzahl die Schüler über den ganzen Schulhof, gehen sinnvollen Beschäftigungen nach und der sonstige Pausenlärm wird dadurch vermieden.

Der zweite Faktor war das Unfallrisiko. Eltern befürchteten während der täglichen Bewegungszeit ein erhöhtes Unfallrisiko. In einem Modellversuch mit 440 Kindern wurden jedoch nur wenige Unfälle verzeichnet, die jedoch nicht durch aggressives Verhalten entstanden sind.

Ein weiteres Problem der täglichen Bewegungszeit sind versicherungsrechtliche Fragen. Im Rahmen der täglichen Bewegungszeit müssen Fragen der Aufsichtspflicht der Lehrer und entsprechende Vorschriften zur Unfallverhütung beachtet werden, die in der Regel von den Kommunen abgedeckt werden. Die Aufsicht führenden Lehrer hingegen sind durch eine Haftpflichtversicherung im Rahmen ihrer pädagogischen Tätigkeit abgesichert.

Als nächstes Problem wird nach Wasmund-Bodenstedt die Beschaffung und Erhaltung der Geräte angeführt, da an den meisten Schulen die finanziellen Ressourcen für die Beschaffung geeigneter Geräte beschränkt sind (vgl. Wasmund-Bodenstedt 1984, S.73). Die Kinder können jedoch eigene Spiel- und Sportgeräte mit in die Schule bringen. Andererseits sind auch in den meisten Fällen die Eltern bereit, in Eigeninitiative Geräte zu bauen. Ebenso ist es möglich verschiedene Geräte im Werkunterricht älterer Schüler bauen zu lassen, wie auch die Finanzierung durch Elternspenden. Ebenfalls ist die Mitarbeit von Sportvereinen, vor allem im Bereich der GTS, eine große Bereicherung.

Weitere Bedenken, im Rahmen des Konzeptes der täglichen Bewegungszeit, bestehen bei der Einhaltung des Lehr- und Stoffplans. Eltern äußern Bedenken, dass aufgrund der Verkürzung der Unterrichtszeit, durch die tägliche Bewegungszeit, der vorgesehene Unterrichtsstoff nicht vollständig bzw. mangelhaft durchgeführt wird. Jedoch werden auch diese Bedenken durch Modellversuche widerlegt, da durch die Unterbrechung des Schulvormittags, mit Hilfe der täglichen Bewegungszeit, die Kinder in der zweiten Hälfte des Schulvormittags wesentlich aufnahmefähiger waren.

Als letzter bedenklicher Punkt wären nun nur noch die Schülerleistungen zu nennen. Eltern befürchten wiederum, dass durch die verkürzte Unterrichtszeit auch die Schulleistungen entsprechend abfallen. Jedoch wurde auch dieser Faktor durch entsprechende Modellversuche wiederlegt.

Zusammenfassend ist daher zu sagen, dass die tägliche Bewegungszeit sich in keinerlei Hinsicht negativ auf die Schulleistungen auswirkt.

Resümee

Besonders die GTS muss auf die gesellschaftliche Entwicklung reagieren, z.B. durch Bewegungs- und Entspannungsangebote, eine Rhythmisierung des Schultages, da die Kinder hier einen großen Teil des Tages verbringen. Bewegung ist für die körperliche und kognitive Entwicklung unerlässlich. Kinder bewegen sich von Natur aus sehr gerne. Jedoch müssen diese natürlichen Bewegungsformen gefördert werden, da einmal aufgetretene Mängel nur sehr schwer zu beheben sind. In der GTS besteht die Möglichkeit, vielen Kindern Angebote zur Entwicklungs- und Koordinationsförderung durch Bewegung, Spiel und Sport zu machen, die den natürlichen Bewegungsdrang unterstützen. Sportunterricht und Freizeitsport, sowie tägliche Bewegungszeiten können in der GTS miteinander verbunden werden. Es bietet sich hier die Gelegenheit, sportliche Aktivitäten mit allen anderen Fächern und Inhalten der Schule zu verbinden. In der GTS ist mehr Zeit vorhanden, um eine neue Lernkultur zu entwickeln, und diese Zeit sollte auch für mehr Bewegung und Bewegungsangebote verwendet werden. Im Verlauf der Unterrichtsstunden, vor allem aber in den Pausen sollten daher Bewegungsangebote gemacht werden.

Abbildungsverzeichnis

- Abb.1:
  Wasmund-Bodenstedt, Ute. Die tägliche Bewegungszeit in der Grundschule. Ein offenes Konzept für Spiel und Sport. Schorndorf: Hoffmann. 1984, S.32

Literaturverzeichnis

- Größing, Stefan und Nikolaus Größing. Kinder brauchen Bewegung. Ein Leitfaden für Lehrer und Erzieher. Wiebelsheim: Limpert. 2002
- Illi, Urs. Bewegte Schule. In: Sportpädagogik 44.10/1995. S.404-415
- Knauf, Tassilo und Silke Politzky. Die bewegte Grundschule. Idee und Praxis. Hohengehren: Schneider. 2000
- Kolb, Michael. Ruhe, Konzentration und Entspannung. In: Sportpädagogik 19. 6/1995. S.61-66
- Stübing, Anne-Dorothea und Barbara Lutz. Die tägliche Bewegungszeit. Wiesbaden: Hessisches Institut für Bildungsplanung und Schulentwicklung (HIBS). 1992
- Wasmund-Bodenstedt, Ute. Die tägliche Bewegungszeit in der Grundschule. Ein offenes Konzept für Spiel und Sport. Schorndorf: Hoffmann. 1984

Schriftliche Ausarbeitung des Referats:

Mehr Zeit für Spiel- und Bewegung –
Die tägliche Bewegungszeit

Anhang

Mehr Zeit für Spiel und Bewegung – Die tägliche Bewegungszeit

1. Geschichte der Bewegungszeit

- Seit ca. 100 Jahren existiert Diskussion über eine tägliche Sportstunde
- 1777: Kaiserin Maria Theresia erließ Gesetz über eine tägliche Spielstunde und den Bau von Spielplätzen
- Ende des 18 Jh.: Pestalozzi ließ täglich von Schülern und Lehrern Gymnastik durchführen
- 1847: Spiess entwirft Konzept für tägliche Turnstunde
- 1910: Ministerialerlass über tägliche 5-10 Minuten Freiübungen außerhalb der Pause bis zu den zwanziger Jahren wurde dann die Bewegungszeit vollkommen vernachlässigt
- 1926: Einführung der täglichen Turnstunde durch den "Reichsverband der Elternbeiräte des Mittleren Deutschland" dieses Vorhaben wurde durch den 2. Weltkrieg gestoppt
- nach 1956: tägliche Bewegungszeit für das 1. und 2. Schuljahr → Notlösung
- ab1965: Beschluss einer täglichen Bewegungszeit von 30 Minuten für das erste Schuljahr

2. Ablauf einer täglichen Bewegungszeit im Schulalltag

- Bewegungszeit ist zeitlich nicht festgelegt
- Sollte von den Lehrern situationsbedingt angeboten werden
- Zusätzliches Angebot zu Pausen und Sportunterricht
- Dauer ca. 20-30 Minuten in der Mitte des Unterrichtsvormittags
- 2 unterschiedliche Konzepte (nach Wasmund-Bodenstedt):
  - die flexible, situationsabhängige Festlegung der täglichen Bewegungszeit im Zeitplan oder
  - die feste Verankerung der täglichen Bewegungszeit im Stundenplan
- Durchführung nach Möglichkeit im Freien → Raumwechsel

3. Ziele der täglichen Bewegungszeit

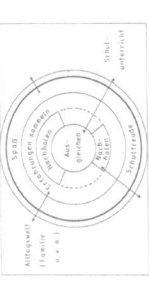

(Wasmund-Bodenstedt 1984, S. 32)

- Weitere Ziele sind:
  - einen Gegenpol zum "Sitzzwang" des Unterrichts schaffen und dadurch Eigenaktivität zu fördern
  - Erfahrungen in der eigenen Bewegung zu sammeln und Selbstvertrauen zu gewinnen
  - Entfaltung von Bewegungsfreude und -phantasie
  - Das Erkennen der Bedeutung des Übens
  - Erlernen von Regelabsprachen und das Spielen mit anderen Kindern
  - Spaß an Bewegung zu entwickeln
  - "leisten zu können, ohne leisten zu müssen" (Stübing/Lutz zitiert nach Klafki, 1992, S.54)
  - gemeinsames Entwickeln von Bewegungsideen und damit verbundene Sozialkompetenzen zu erwerben
  - entwickelte Bewegungs- und Spielideen in der Freizeit zu übernehmen

4. Probleme der täglichen Bewegungszeit

- große Herausforderung an die Lehrer → nur wenige Lehrer sind für diese Tätigkeit ausgebildet
- organisatorische Probleme
- Lärmbelästigung
- Unfallrisiko
- Versicherungsrechtliche Fragen
- Beschaffung und Erhaltung der Geräte
- Einhaltung des Lehr- und Stoffplans
- Schülerleistungen

Literatur:

- Größing, Stefan und Nikolaus Größing. Kinder brauchen Bewegung. Ein Leitfaden für Lehrer und Erzieher. Wiebelsheim: Limpert. 2002
- Illi, Urs. Bewegte Schule. In: Sportpädagogik 44.10/1995. S.404-415
- Knauf, Tassilo und Silke Politzky. Die bewegte Grundschule. Idee und Praxis. Hohengehren: Schneider: 2000
- Kolb, Michael. Ruhe, Konzentration und Entspannung. In: Sportpädagogik 19. 6/1995. S.61-66
- Stübing, Anne-Dorothea und Barbara Lutz. Die tägliche Bewegungszeit. Wiesbaden: Hessisches Institut für Bildungsplanung und Schulentwicklung (HIBS). 1992
- Wasmund-Bodenstedt, Ute. Die tägliche Bewegungszeit in der Grundschule. Ein offenes Konzept für Spiel und Sport. Schorndorf: Hoffmann. 1984